돼지학교에 오신 것을 환영합니다!

백명식 글·그림

강화에서 태어나 서양화를 전공했습니다. 출판사 편집장을 지냈으며, 다양한 분야의 책과 사보, 잡지 등에 그림을 그리고 있습니다. 특히 어린이들이 좋아하는 책을 쓰고 그릴 때 가장 행복하다고 합니다. 그린 책으로는 《WHAT 왓? 자연과학편》《책 읽는 도깨비》《자연을 먹어요 시리즈》 등이 있으며, 쓰고 그린 책으로는 《인체과학 그림책 시리즈》《돼지학교 과학 시리즈》《저학년 스팀 스쿨 시리즈》 등이 있습니다. 소년한국일보 우수도서 일러스트상, 중앙광고대상, 서울일러스트상을 받았습니다.

이정 감수

초등수학교육과를 졸업하고, 현재 서울대광초등학교에서 아이들을 가르치고 있습니다. 2009, 2007 개정 수학교과서 집필위원으로 참여했으며 교육청 영재교육원과 지역공동 영재학급, 서울교대 부설 영재교육원에서 강의하고 있습니다. 전국수학교사모임 초등부 국장을 맡고 있습니다.

전국수학교사모임(The Korean Society of Teachers of Mathematics) 추천

수학 교육의 발전과 수학의 대중화를 목적으로 결성된 수학 교사들의 연구 단체입니다. 수학 교육의 발전과 전망을 위해 연구하고 자료를 개발합니다. 수학 교육이 나아갈 길을 찾고 아이들과 함께하는 수학 수업이 되도록 꾸준히 연구하고 있습니다.

돼지학교 수학 6

암산에 폭 빠진 돼지

백명식 글·그림 | 이정(전국수학교사모임) 감수

초판 인쇄일 2015년 8월 22일 | **초판 발행일** 2015년 8월 31일
펴낸이 조기룡 | **펴낸곳** 내인생의책 | **등록번호** 제10호-2315호
주소 서울시 강서구 가양동 52-7 강서한강자이타워 A동 306호
전화 (02)335-0449, 335-0445(편집) | **팩스** (02)6499-1165
전자우편 bookinmylife@naver.com | **홈카페** http://cafe.naver.com/thebookinmylife
편집장 이은아 | **편집1팀** 신인수 조정우 이다겸 김예지 | **편집2팀** 강성구
디자인 안나영 김지혜 | **경영지원** 김지연

ISBN 979-11-5723-201-7 (74410)
ISBN 979-11-5723-135-5 (세트)

ⓒ 백명식, 2015

책값은 뒤표지에 있습니다.
잘못된 책은 구입처에서 바꾸어 드립니다.

이 도서의 국립중앙도서관 출판시도서목록(CIP)은 e-CIP홈페이지(http://www.nl.go.kr/ecip)와
국가자료공동목록시스템(http://www.nl.go.kr/kolisnet)에서 이용하실 수 있습니다. (CIP제어번호: CIP2015022175)

돼지학교 수학 6

암산에 폭 빠진 돼지

백명식 글·그림 | 이정(전국수학교사모임) 감수

다양한 연산법

내인생의책

돼지 삼총사와 큐리, 어스는 수학 마녀를 찾아가기로 했어.
수학 마녀가 낸 세 가지 임무를 모두 해결했거든.
"우주 마왕이 없애 버린 매틱 별의 숫자를 이제 찾을 수 있겠어!
수학 마녀가 임무를 완수하면 도와주겠다고 그랬잖아."
도니가 기대에 차서 외쳤어.
막 문을 나서려는 꾸리 앞에 두루마리가 톡 떨어졌어.
"앗, 이게 웬 두루마리지?"

데이지가 두루마리에 적힌 내용을 읽었어.

"세 가지 임무를 마친 걸 축하해. 약속대로 너희를 도와주마.
참, 나한테 오기 전에 내 친구 가우스를 좀 도와줄래?
내가 지금 바빠서 말이야. 부탁할게. 수학 마녀 보냄."

"가우스를 도와주라고?"

어스가 고개를 갸웃했어.

"가우스라…… 수학의 왕자라고 쓰여 있네. 일단 가우스부터 만나 보자!"

큐리가 수학 인명사전을 덮으며 말했어.

뚜띠빠 빠빠라. 큐브가 빙빙 돌았어.

돼지 삼총사와 큐리, 어스는 1787년 브라운슈바이크의 작은 학교에 떨어졌어.

브라운슈바이크는 오늘날 독일 북부에 있는 작은 도시야.

수업을 시작했는지 교실 안은 조용했어.

"너희는 누구니? 처음 보는 얼굴인데."

한 남학생이 엉거주춤 서 있는 돼지 삼총사와 큐리, 어스에게 물었어.

"우리는 전학생이야."

도니가 엉겁결에 둘러댔지.

"반가워. 난 가우스라고 해. 얼른 자리에 앉아. 뷔트너 선생님은 아주 무서운 분이거든."

가우스가 빈자리를 가리키며 말했어.

난 가우스라고 해.

꿀꿀 더 알아보기

가우스는 누구일까?

프리드리히 칼 가우스는 수학사에서 손꼽히는 학자예요. 가우스는 아르키메데스 이외에 누구도 풀지 못했던 정17각형을 작도하고, 정수에 대한 독창적인 정리를 이뤄냈어요. 천문학에도 영향을 미쳤지요. 가우스는 머릿속으로 수를 셈하는 암산에 뛰어났어요. 가우스의 창의적인 암산 방법은 오늘날에도 활용된답니다.

땡땡땡. 수업을 알리는 종소리가 들렸어.

"요 녀석들이 날 귀찮게 하는 건 질색인데. 옳지!"

뷔트너 선생님은 작게 읊조리더니 칠판에 숫자를 적었어.

"1부터 100까지 더한 값을 구해 보렴."

"1부터 100까지라고? 아휴, 저걸 언제 다 구하지? 몇 시간은 걸리겠다."

뷔트너 선생님의 말에 도니가 투덜댔어.

그런데 얼마 지나지 않아 가우스가 손을 번쩍 들었지.

"선생님, 답은 5050이에요."

가우스는 어떻게 답을 금세 구한 걸까?

1부터 100까지 더한 값은 5050입니다.

우아!

꿀꿀 더 알아보기

연산이란?

수나 식을 일정한 순서와 규칙에 따라 계산하는 것을 말해요. 보통 덧셈, 뺄셈, 곱셈, 나눗셈 네 가지 방법으로 계산해요. 덧셈, 뺄셈, 곱셈, 나눗셈은 각각 +, −, ×, ÷의 연산 기호를 쓰는데 연산 기호에 따라 계산 순서나 방법이 달라져요.

"가우스, 어떻게 문제를 금방 푼 거야?"
어스가 깜짝 놀라 물었어.
"규칙만 알면 금세 풀 수 있어. 1+100=101, 2+99=101, 3+98=101, … , 50+51=101 이렇게 1에서부터 1씩 커지는 수와 100에서부터 1씩 작아지는 수를 차례대로 더하면, 값은 항상 101이 돼. 101을 50번만 더하면 1부터 100까지 모두 더한 값이 되지."
가우스가 눈을 감고 찬찬히 말했어.
"1부터 100까지 하나하나 더하는 것보다 더 쉬운 방법이네!"
데이지가 무릎을 탁 쳤어.

수학의 왕자다운걸!

꿀꿀 ≲ 더 알아보기

연산과 수학의 차이

연산은 주어진 수나 식을 규칙에 따라 풀어내는 것을 말해요. 수학은 수와 공간에 대해 연구하는 학문이에요. 연산이 셈법이라면, 수학은 실생활을 수와 공간으로 탐구하는 방법이지요. 수학이 나무라면 연산은 줄기에 해당해요.

"101을 50번이나 더하는 것도 어려워."

"꼭 풀어내고 말겠어!"

"점심은 언제 먹지?"

101+101+101
101+101+101
101+101+101+101
101+101+101+101

…101+101+101
101+101+101
101+101+101

"가우스가 알려 준 대로 101을 50번이나 더하려니 헷갈려."

어스 입이 쑥 나왔어.

"덧셈을 하다 보면 일의 자리끼리 더한 값이 10을 넘기 일쑤라고."

데이지도 부루퉁한 얼굴이야.

"일의 자리끼리 더한 값이 10을 넘으면 십의 자리에 10을 넘겨줘. 그럼 일의 자리는 10이 줄어들고, 십의 자리는 1이 늘어나게 돼."

"가우스, 그럼 뺄셈을 할 때는 어떡해? 어떤 수는 일의 자리끼리 뺄셈할 수 없던데."

가우스의 말에 도니가 머리를 긁적였어.

"일의 자리끼리 뺄셈할 수 없을 때는 십의 자리에서 10을 빌려 오면 돼. 그럼 일의 자리는 10이 늘어나고, 십의 자리는 1이 줄어들게 돼."

가우스가 숫자를 하나하나 짚어 가며 설명했어.

어려울 때는 종이에 적어 가며 풀어 봐.

받아올림
16+15=31
6+5=11=10+1
10+10=20 ← 십의 자리로 받아올림

받아내림
21-9=12
11-9=2
20=10+10 ↑ 십의 자리에서 받아내림

꿀꿀 더 알아보기

받아올림과 받아내림

받아올림은 같은 자리끼리 더할 때, 더한 값이 10보다 크면 바로 윗자리로 10을 올리는 계산법이에요. 받아올림을 하는 자리는 10이 줄고, 윗자리의 수는 1이 늘어나요. 받아내림은 같은 자리끼리 뺄 수 없을 때, 바로 윗자리에서 10을 빌려 계산하는 방법이에요. 받아내림을 하는 자리는 10이 늘고, 윗자리의 수는 1이 줄어요.

쾅쾅쾅. 깊은 밤 가우스의 아버지가 방문을 요란하게 두드렸어.
"가우스, 또 방에 박혀서 공부하는 거냐? 공부는 해서 뭐하려고!"
가우스는 겁을 먹고 집 밖으로 후다닥 달려나갔어.
"아버지는 내가 석공이 되길 원하셔. 난 수학이 좋은데."
가우스가 풀 죽은 목소리로 말했어.
"난 네가 부러워. 우리 엄마 아빤 항상 공부하라고 그러시거든."
도니가 입을 삐죽 내밀었어.
"저기 좀 봐. 저 별만 아주 밝아."
데이지가 하늘을 가리켰어.
"저 별은 별 세 개가 아주 가깝게 모여서 하나처럼 보이는 거야. 하나처럼 보이지만 세 개나 다름없지."
"가르면 세 개가 되고, 모으면 하나가 되는 별이라니. 멋진데!"
가우스의 말에 도니가 손뼉을 쳤어.

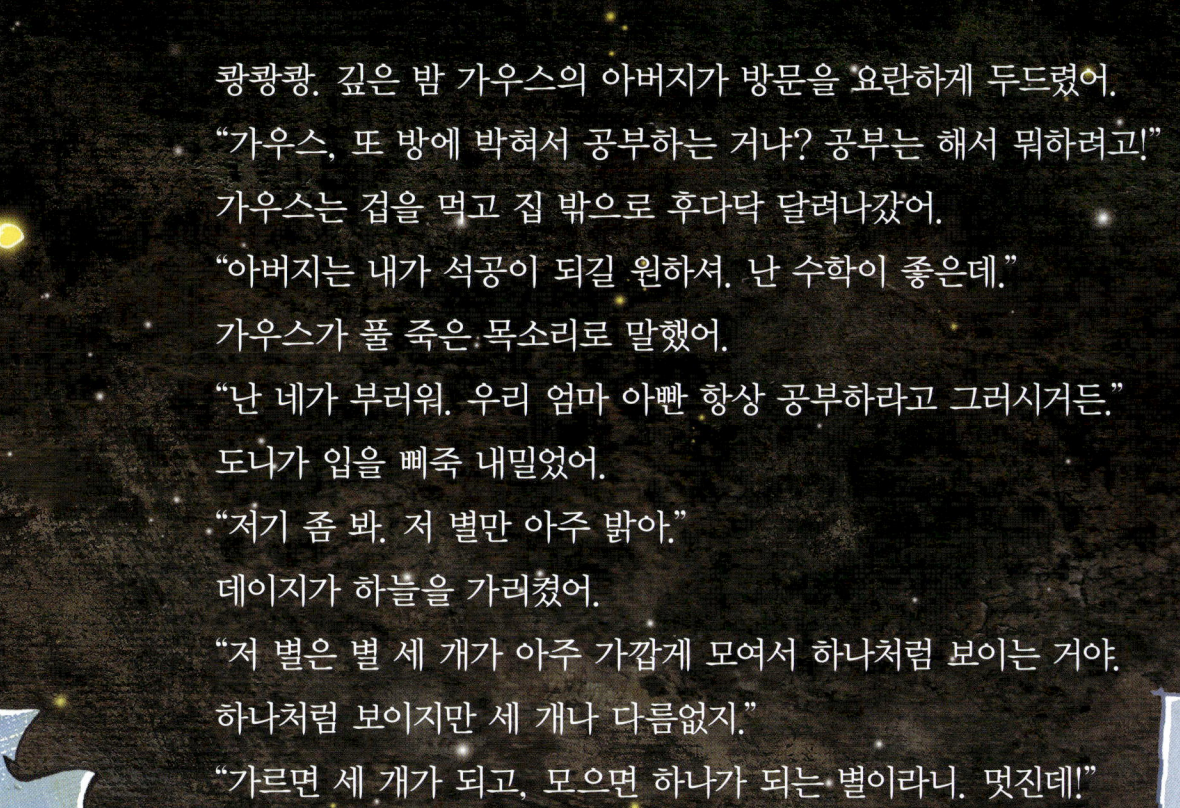

꿀꿀ε 더 알아보기

가르기와 모으기

가르기는 어떤 수를 두 개 이상의 수로 나누는 것을 말해요. 2는 0과 2로 가르거나 1과 1로 가를 수 있어요. 3은 0과 3으로 가르거나 1과 2로 가를 수 있지요. 모으기는 두 개 이상의 수를 모아 하나의 수로 만드는 것을 뜻해요. 0과 2를 모으거나 1과 1을 모으면 2가 돼요. 0과 3을 모으거나 1과 2를 모으면 3이 되지요.

학교에 가지 않는 날이야.
돼지 삼총사와 큐리, 어스는 술래잡기하느라 바빴어.
"얘들아, 가우스가 안 보여. 아까까지 같이 있었는데."
데이지가 소리쳤어.
돼지 삼총사와 큐리, 어스는 가우스를 찾아 나섰어.
"하루 치 품삯은 27페니예요. 3일 동안 일한 미하엘 아저씨 품삯은 81페니,
5일 동안 일한 마티아스 아저씨 품삯은 135페니예요."
가우스는 웬 아저씨들에게 돈을 주고 있었지.

"가우스, 여기서 뭐 해?"
큐리가 고개를 갸웃하며 물었어.
"아버지 대신 급료를 계산해서 일꾼 아저씨들한테 나눠 드리고 있었어.
내가 아버지보다 곱셈 식을 빨리 풀거든. 그래서 내가 이 일을 맡게 됐어."
가우스가 어깨를 으쓱해 보였어.

꿀꿀 더 알아보기

곱셈 익히기

곱셈을 잘하려면 2×2나 2×3처럼 자주 쓰는 곱셈 식을 익혀야 해요. 여러 곱셈 식을 익힐수록 빠르고 정확하게 답을 구할 수 있어요. 1부터 9까지의 수 가운데 둘씩 곱한 값을 외우는 구구단도 다양한 곱셈 식을 익히는 방법이랍니다.

가우스에 대한 소문이 어느새 마을에 자자했어.
길에서 마주친 두 사람이 가우스에 대한 이야기를 나누었지.
"겝하르트 씨의 아들이 수학에 그렇게 뛰어나다면서요?"
"저도 종종 가우스에게 계산을 부탁한답니다. 마침 저기 오네요. 가우스!"
가우스가 다가와 인사했어.
"아저씨, 안녕하세요."
"가우스, 내가 오늘 61개의 감자를 5명에게 나눠 주려고 한단다.
10개씩 나눠 주면 되겠니? 5로 딱 떨어지지 않으니 헷갈려서 말이야."
"어림으로 계산해 보니 12개씩 나눠 주면 공평하겠어요."
남자의 물음에 가우스가 또박또박 대답했어.

꿀꿀♬ 더 알아보기

어림하기

나눗셈을 할 때 나머지를 제외한 몫을 대강 짐작하는 것을 어림하기라고 해요. 어림하기에 익숙해질수록 빠르게 식을 풀 수 있어요.

가우스는 계속해서 공부하고 싶었어. 하지만 집안 형편이 여의치 않았어. 학비를 낼 만큼 돈이 넉넉하지 못했거든.

돼지 삼총사는 머리를 굴렸어.

"브라운슈바이크에서 가장 높은 분한테 도와 달라고 하면 어떨까?"

데이지가 말했어.

"맞아. 똑똑한 학생은 장학생이 되기도 하잖아."

꾸리가 맞장구치며 가우스를 공작이 사는 성으로 이끌었어.

"공작님, 안녕하세요. 브라운슈바이크에 아주 똑똑한 친구가 있다는 거 아세요?"

"집안은 가난하지만 계속 공부한다면 분명 훌륭한 학자가 될 거예요!"

공작 앞에 나선 데이지와 도니가 가우스를 소개했어.

"가우스라고? 좋다. 그럼 내가 내는 문제를 풀어 보렴."

공작이 수염을 쓰다듬으며 말했어.

가우스, 풀 수 있겠어?

꿀꿀 더 알아보기

혼합 계산

덧셈, 뺄셈, 곱셈, 나눗셈이 섞인 식은 정해진 순서대로 풀어야 해요. 곱셈과 나눗셈을 가장 먼저 풀고, 덧셈과 뺄셈을 가장 나중에 풀자고 수학자들끼리 약속해 두었거든요. $1+2\times3-4\div2=\square$ 라는 식이 있다면 2×3과 $4\div2$를 먼저 계산해요. 2×3은 6이고 $4\div2$는 2이므로, 2×3과 $4\div2$ 대신 계산한 값을 넣으면 $1+6-2=\square$로 식을 정리할 수 있어요. $1+6-2$를 계산하면 $\square$에 들어갈 값은 5예요.

"덧셈, 뺄셈, 곱셈, 나눗셈이 마구 섞여 있네. 으, 헷갈려."
공작이 낸 문제지를 보고 도니가 머리를 감싸 쥐었어.
"복잡해 보여도 어려운 문제는 아냐. 순서대로만 풀면 돼."
가우스가 의젓하게 말하더니 문제를 슥슥 풀어 갔지.

"가우스가 답을 꼭 구해야 할 텐데."

다음 식을 풀어라.
2+4×3÷2−5+1=□

+, −, ×, ÷에서 ×, ÷와 이어진 숫자를 제일 먼저 계산해야 해.

×, ÷와 이어진 4×3÷2부터 차례대로 풀어 보자.

4×3은 12이고 12÷2는 6이야.

4×3÷2의 자리에 6을 넣으면 2+6−5+1=□가 돼.

2+6은 8이야. 2+6의 자리에 8을 넣으면 8−5+1=□가 되지.

8−5+1=□을 계산하면 □는 4가 돼.

"공작님, 다 풀었어요."
가우스가 문제지를 공작에게 내밀었지.
"이렇게 쉽게 풀다니. 나한테는 아주 어려운 문제였는데 말이야."
공작은 눈이 휘둥그레졌어.
"계산 부호가 섞여 있어서 복잡해 보이지만 곱셈 식이랑 나눗셈 식에 괄호를 쳐 두면 공작님도 금세 푸실 거예요. 괄호 안에 있는 식부터 계산하면 아주 간단하거든요."
가우스가 씩씩하게 설명했어.
"가우스, 네 재능이 기대되는구나. 도와줄 테니 열심히 공부해 보렴."
공작이 흐뭇한 표정으로 말했어.

꿀꿀 더 알아보기

괄호 쓰기

괄호는 어느 수학자가 먼저 쓰기 시작했는지 정확하게 알 수 없어요. 다만 16세기 무렵부터 유럽에서 사용되기 시작했고, 17세기에는 흔하게 쓰였다고 전해져요. 괄호는 괄호 안에 있는 식부터 풀자는 약속이에요. 볼록한 괄호 기호 (를 열고 식을 적은 뒤에 오목한 괄호 기호)로 닫지요. 2×(3+4)=□라는 식이 있다면, 괄호 안에 있는 (3+4)부터 먼저 계산해야 해요. 이때 □에 들어갈 값은 14랍니다.

가우스는 공작의 후원을 받아 카놀리눔 학교에 들어갔어.
밤이 늦도록 가우스의 방은 불이 꺼질 줄 몰랐어.
"가우스, 잠이 안 와서 놀러 왔어."
데이지가 방으로 들어서며 말했어.
"벌써 시간이 이렇게 됐네. 연산 규칙이 재미있어서 시간 가는 줄 몰랐어.
2+3이나 3+2나 모두 값이 5더라고. 2×3과 3×2도 값이 모두 6이었어."
"자리를 바꿔도 같은 게 당연한 거 아니야?"
가우스의 말에 도니가 머리를 긁적였어.
"다 그렇진 않아. +나 ×의 옆에 있는 수는 자리를 바꿔도 값이 같지만,
-와 ÷의 옆에 있는 숫자는 자리를 바꾸면 전혀 다른 값이 나오거든."
가우스가 차근차근 종이에 식을 써 보였어.

꿀꿀≋ 더 알아보기

교환 법칙

연산 기호를 가운데 두고 있다면, 양옆에 있는 숫자의 자리를 바꾸어도 같은 값이 나온다는 법칙이에요. 7+3=□를 3+7=□로 계산해도 □의 값은 10으로 같지요. 교환 법칙은 +와 ×에서만 허용돼요. -와 ÷가 있는 식에서 교환 법칙을 이용하면 완전히 다른 값이 나온답니다.

"+나 ×만으로 이어진 식이라면 연산 순서를 바꿔 풀어도 값이 언제나 같아.
2+3+4는 4+2+3과 같고, 2×3×4는 3×2×4와 값이 같지."
가우스가 창가에 나와 앉으며 이야기했어.
"그럼 맘에 드는 숫자부터 계산해도 값은 똑같겠네?"
데이지가 눈을 반짝였어.
"그렇지, 하지만 +나 ×가 든 식에서만 가능해.
−나 ÷가 든 식에서 계산 순서를 바꾸면 값이 달라지거든."
"역시 가우스야. 머리에 쏙쏙 들어오는걸!"
가우스의 설명에 도니가 엄지손가락을 척 들어 보였어.
"하암, 벌써 열 시네. 가우스, 그럼 내일 학교에서 보자. 잘 자."
돼지 삼총사와 큐리, 어스가 가우스의 방을 나서며 인사했어.

꿀꿀 더 알아보기

결합 법칙

세 개 이상의 수가 똑같은 연산 기호로 이어져 있다면, 연산 순서를 바꿔도 같은 값이 나온다는 법칙이에요. 1+2+3+4=□ 에서 연산 순서를 바꾸어 4+2+1+3=□로 계산해도 □의 값은 10으로 같지요. 결합 법칙은 +나 ×에서만 허용돼요. −와 ÷가 섞인 식에서 결합 법칙을 활용하면 값이 틀려져요.

〈결합 법칙의 예〉

2+(3+4)=9   (2+3)+4=9

다음 날 아침 수업 시간이었어. 가우스가 꾸벅꾸벅 졸고 있었어.
데이지가 가우스에게 소곤거렸지.
"가우스, 어제 우리가 돌아간 뒤에도 공부한 거야? 피곤해 보여."
"응, 어젯밤에 재미있는 규칙을 알아냈거든.
괄호 밖으로 숫자를 꺼내 계산해도 값이 같더라고.
신기해서 계속 계산하다 보니 벌써 아침이었어."
가우스가 기운 없는 목소리로 말했어.
"아휴, 내가 가우스처럼 공부했으면
우리 엄마가 나한테 매일 맛있는 간식을 줄 텐데."
도니가 한숨을 내쉬자 교실 안은 웃음바다가 되었어.

꿀꿀 더 알아보기

분배 법칙

괄호 안의 수를 괄호 밖에 있는 연산 기호로 풀어내도 같은 값이 나온다는 법칙이에요. 이때 괄호에 연결된 연산 기호는 꼭 순서대로 연결해야 해요. (1+2)×3=□를 (1×3)+(2×3)=□로 계산해도 □의 값은 9로 같지요. 분배 법칙은 성립하는 조건이 까다로워요. 괄호 안에 +나 -가 있고, 괄호 밖에 ×나 ÷가 있을 때만 분배 법칙이 성립한답니다.

시간이 흘러 가우스는 우수한 성적으로 괴팅겐 대학에 입학했어.

"가우스, 대학생이 된 기분은 어때?"

도니가 가우스를 쿡 찌르며 물었어.

"도서관도 크고 공부하기에 참 좋아. 요즘 정17각형을 작도하는 데 빠져 있어."

가우스가 의젓하게 말했어.

"멋진데! 참, 우리가 사과를 땄는데 말이야. 어제 저녁에 13개, 오늘 아침에 20개, 점심에 17개를 땄어. 모두 더했을땐 52개가 나왔는데 세어 보니 50개더라고. 어떻게 된 건지 도통 모르겠어. 밤새 쥐가 먹기라도 했나?"

꾸리가 가우스에게 고민거리를 터놓았어.

"13+20+17의 값이 궁금하다는 거지? 17을 제일 앞으로 옮겨 봐. 17+13+20이 되겠지? 17을 10+7로, 13을 10+3으로 바꾸면 (10+7)+(10+3)+20이 되니까 50개가 맞아."

가우스가 조곤조곤 문제를 풀어 주었어.

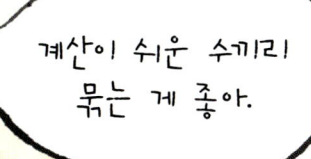

계산이 쉬운 수끼리 묶는 게 좋아.

꿀꿀 더 알아보기

연산 법칙 활용하기

가르기와 교환 법칙을 활용하면 식을 빠르게 풀어낼 수 있어요. 8+17=□라는 식이 있을 때, 17을 15+2로 가르기 한 뒤 정리하면 8+15+2=□가 돼요. 8+15+2=□에서 2와 15의 자리를 바꿔 주면 8+2+15=□가 되고, 8+2는 10이므로 10+15=25로 계산할 수 있어요.

"애들아, 나 대신 펜으로 쓸 깃털 좀 사다 줄래? 내가 오늘 바쁜 일이 있거든."

가우스가 조심스레 물었어.

"당연하지. 몇 개나 사다 주면 돼?"

도니가 씩씩하게 말했어.

"이번 주엔 8개가 필요하고, 다음 주엔 9개가, 그다음 주엔 7개가 필요하니까……."

가우스가 말끝을 흐렸어.

"10보다 8은 2가 작고, 9는 1이 작고, 7은 3이 작으니까 (10-2)+(10-1)+(10-3)을 풀면 돼. 그럼 깃털은 24개가 필요한 거지?"

데이지가 손가락을 접었다 폈다 하며 외쳤어.

"맞았어! 이제 너희도 수학 박사가 다 되었구나?"

가우스가 방긋 웃어 보였어.

십진법의 원리야.

1 → 10배 → 10 → 10배 → 100 → 10배 → 1000 → 10배 → 10000

꿀꿀 더 알아보기

십진법 활용하기

우리가 쓰는 수는 10을 기준으로 10배가 되는 수마다 0이 하나씩 덧붙어요. 이렇게 수를 세는 방법을 십진법이라고 해요. 10이나 100처럼 끝자리가 0인 수는 일의 자리를 받아올림 할 필요가 없어서 계산하기 쉽지요.

5+98=□라는 식이 있을 때, 98을 100-2로 가르기 한 뒤 5+100-2=□로 정리해요. 5와 100의 자리를 바꿔 주면 100+5-2=□이 되고, 5-2는 3이므로 □에 들어갈 값은 103이 된답니다. 5+98=□보다 계산하기 훨씬 편하지요?

어느 날 슬픈 소식이 들렸어.

"공작님이 돌아가셨다는군. 그동안 나를 후원해 준 고마운 분인데."

가우스가 비통한 목소리로 말했어.

"힘내, 가우스. 공작님은 좋은 곳으로 가셨을 거야."

데이지가 가우스를 다독였어.

그때 꾸리와 도니가 헐레벌떡 들어오더니 가우스에게 편지를 전했어.

"가우스! 괴팅겐 대학에서 너한테 천문대장 자리를 맡기고 싶대."

"다행이다. 공작님 도움 없이 내 힘으로라도 계속 공부하려고 했는데…….
천문대장으로 일한다면 나머지 시간에는 수학을 연구할 수 있을 거야."

가우스가 미소 짓자, 꾸리와 도니도 흐뭇하게 따라 웃었어.

꿀꿀 더 알아보기

가우스와 케레스

가우스는 수학자이지만, 천문학자이기도 해요. 별의 움직임을 예측할 때 수학을 활용하면 별이 움직이는 궤도를 정확하게 파악할 수 있거든요. 스물네 살에 가우스는 소행성 케레스의 움직임을 정확하게 계산해 냈어요. 뛰어난 재능 덕분에 가우스는 죽는 날까지 괴팅겐 대학의 천문대장을 맡아 천문학자로 활동했답니다.

가우스의 천문대장 임명을 축하하고 있을 때였어.

똑똑똑. 누군가 문을 두드리는 소리가 들렸어.

"가우스 씨 댁인가요? 편지가 왔는데요."

"이번엔 누가 보낸 편지야?"

어스가 가우스에게 물었어.

"프랑스에 사는 친구 소피 제르맹이 보낸 편지네.

소피는 흔치 않은 여성 수학자야.

소피와 나는 오랫동안 수학에 관한 연구를 서로 주고받았지."

가우스가 편지를 펼치며 말했어.

가우스에게

가우스, 잘 지냈니?

요즘 나는 어떤 문제에 푹 빠져 있어. 그런데 문제를 풀다 보니 자꾸 헷갈리지 뭐야. 빈칸을 채워서 편지로 보내 줄래?

11+21+31-3

=(10+1)+(20+1)+(30+□)-3

=(10+20+□)+(+1+1+1)-3

=60+3-3

=□

소피가

풀이 : 1, 30, 60

가우스는 답을 척척 풀고는
곧바로 소피에게 답장을 보냈어.

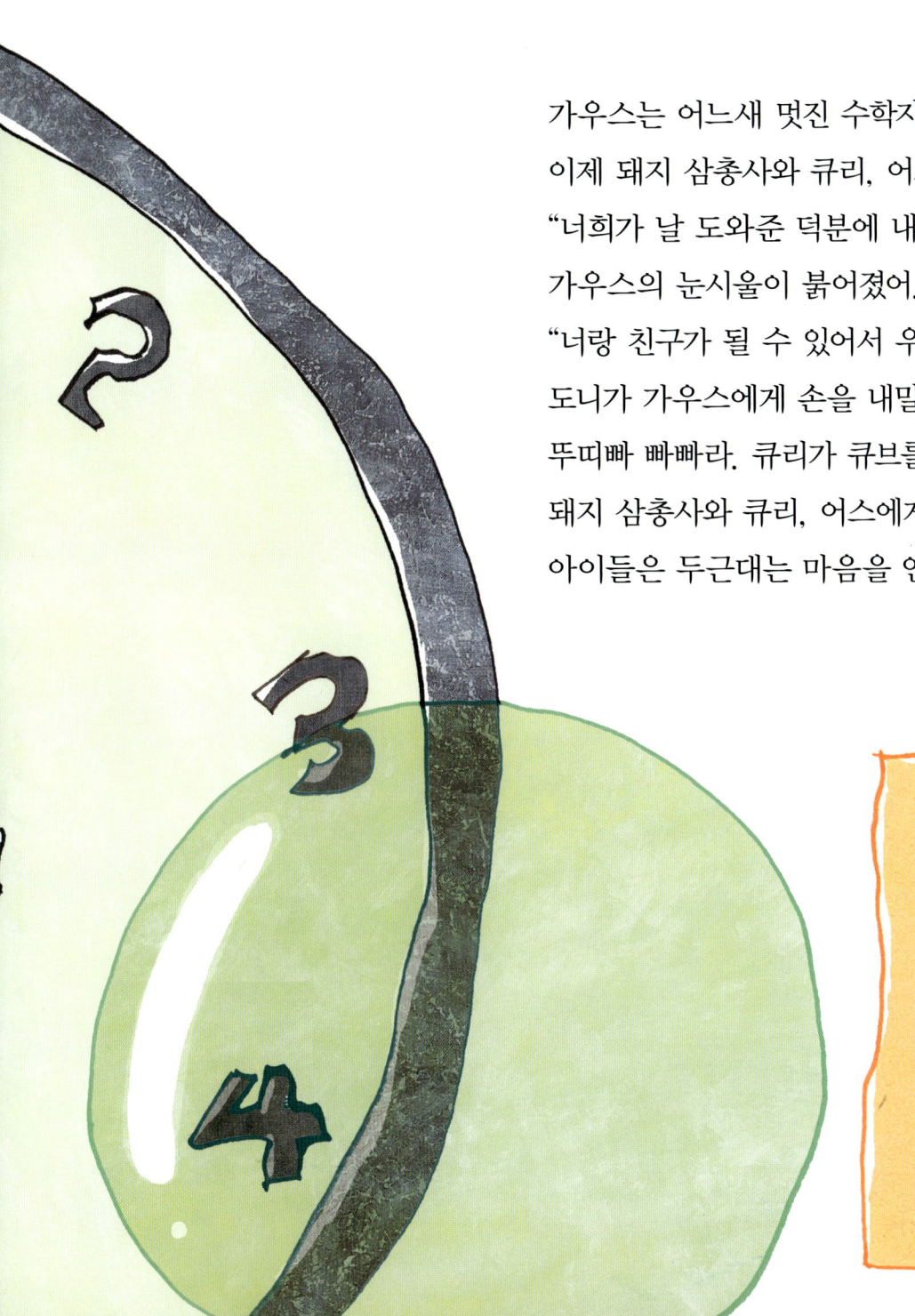

가우스는 어느새 멋진 수학자가 되어 있었어.
이제 돼지 삼총사와 큐리, 어스가 돌아갈 시간이었지.
"너희가 날 도와준 덕분에 내가 수학자가 될 수 있었어. 고마워, 애들아!"
가우스의 눈시울이 붉어졌어.
"너랑 친구가 될 수 있어서 우리도 기뻤는걸."
도니가 가우스에게 손을 내밀었어.
뚜띠빠 빠빠라. 큐리가 큐브를 돌리자 아이들의 몸이 두둥실 떠올랐어.
돼지 삼총사와 큐리, 어스에게 앞으로 또 어떤 모험이 펼쳐질까?
아이들은 두근대는 마음을 안고 가우스에게 손을 흔들었어.

꿀꿀 더 알아보기

가우스를 도운 사람들

가우스는 수학의 왕자로 불리지만 가우스의 아버지는 가난한 석공이었어요. 학교에 다니려면 비싼 학비를 내야 해서, 가난한 사람들은 공부조차 할 수 없었지요. 다행히 여러 사람들이 가우스가 재능을 꽃피우도록 도왔어요. 뷔트너 선생님은 가우스가 공부에 전념할 수 있도록 가우스의 아버지를 설득했고, 짐머만 교수님은 공작에게 가우스를 소개했으며, 공작은 가우스의 학비를 후원했고, 친구 소피 제르맹은 나폴레옹에게 가우스를 살려 달라고 부탁했어요. 동료 천문학자인 올베스트는 가우스가 괴팅겐에서 천문대장이 되도록 도왔지요. 이렇게 든든한 주변 사람들의 도움이 없었다면 위대한 수학자 가우스는 재능을 펼칠 수 없었을지 모른답니다.

용감한 돼지 삼총사와 떠나는 창의적 수학 교과서
돼지학교 수학

돼지학교 수학 시리즈는 초등 수학의 다섯 가지 영역인 수와 연산, 도형, 측정, 규칙성, 확률·통계의 기초를 다지면서 여러 가지 현상과 생활이 연결된 수학적 의미와 수학의 역사, 수학자 이야기, 생활 속 수학 등을 스토리텔링 방식으로 익힐 수 있게 구성된 수학 책입니다. 돼지 삼총사와 함께 떠나는 신 나는 수학 여행! 그 속에서 여러 가지 미션을 수행하며 자연스럽게 창의적 문제해결 능력을 키울 수 있습니다.

① 숫자의 탄생
② 고대 숫자
③ 약수와 배수
④ 분수와 소수
⑤ 사칙 연산
⑥ 다양한 연산법
⑦ 평면도형
⑧ 입체도형
⑨ 다각형
⑩ 원
⑪ 측정의 단위
⑫ 시간과 시각
⑬ 통계와 그래프
⑭ 확률
⑮ 함수
⑯ 비와 비율
⑰ 집합
⑱ 자연 속 수학
⑲ 예술 속 수학
⑳ 역사 속 수학

용감한 돼지 삼총사와 떠나는 창의적 융합과학 교과서

돼지학교 과학

초등 과학을 한 번에 쏙!

초등 과학의 네 가지 영역인 생명, 지구와 우주, 물질, 운동과 에너지 분야를 모두 학습할 수 있도록 구성되었습니다.
꼭 알아야 할 초등 과학 지식을 주제별로 한 권에 하나씩 담아 초등 과학 과정 전체를 선행 학습할 수 있게 도와줍니다.

다양한 모험 속에서 돼지 삼총사가 여러 가지 미션을 수행하는 과정을 통해 초등 과학 지식뿐만 아니라, 어린이들이 그 지식을 바탕으로 좀 더 깊고 넓게 학습할 수 있는 자발적 과학 탐구력까지 길러 줍니다.

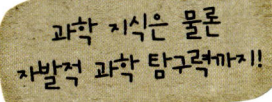

과학 지식은 물론 자발적 과학 탐구력까지!

전문가의 손길이 닿은 착한 내용

한 권마다 그 분야 전문가들의 철저한 감수를 통해 정확한 과학 지식만을 전달하고 있습니다.

① 똥 속에 빠진 돼지 소화와 배설
② 우주로 날아간 돼지 태양계와 별
③ 물 속에 빠진 돼지 물의 순환
④ 빛 속으로 날아간 돼지 빛과 소리
⑤ 뇌 속에 못 들어간 돼지 뇌의 구조와 기능
⑥ 뼈 속까지 들여다본 돼지 뼈의 구조와 기능
⑦ 달에 착륙한 돼지 지구와 달
⑧ 구름을 뚫고 나간 돼지 날씨와 기후 변화
⑨ 줄기 속으로 들어간 돼지 식물의 종류와 한살이
⑩ 개미지옥에 빠진 돼지 곤충의 한살이
⑪ 갯벌을 찾아 나선 돼지 갯벌의 동식물과 생태
⑫ 자동차 속으로 들어간 돼지 교통수단의 발달과 원리
⑬ 미생물을 먹은 돼지 미생물의 종류와 하는 일
⑭ 땅속을 뚫고 들어간 돼지 지층과 화석
⑮ 알을 주워 온 돼지 알과 껍데기
⑯ 열 받은 돼지 핵과 에너지
⑰ 로켓을 버리고 날아간 돼지 로켓과 우주선
⑱ 고래를 따라간 돼지 고래의 종류와 생태
⑲ 마술 부리는 돼지 산과 염기
⑳ 로봇 속으로 들어간 돼지 로봇의 원리와 하는 일